Les chiots bouledogue français

Les bouledogues français viennent de la **France**.

Les bouledogues français sont parfois appelés des *frenchies*.

Les mamans frenchie ont habituellement trois chiots par **portée**.

Les chiots ressemblent beaucoup à leurs parents.

Ils ont un **museau** plat.

Leurs grandes oreilles sont bien droites.

Le **pelage** du bouledogue français est court.

Les couleurs habituelles sont blanc, noir, **bringé** et fauve.

Comme la plupart des chiots, les petits bouledogues français adorent jouer.

Rapporter la balle et le tir à la corde sont de bons exercices.

Les frenchies adorent être avec les gens.

Leur **nature** tendre en fait d'excellents amis!

Glossaire

bringé (brin-jé) : Le bringé est une couleur brune avec des stries d'autres couleurs.

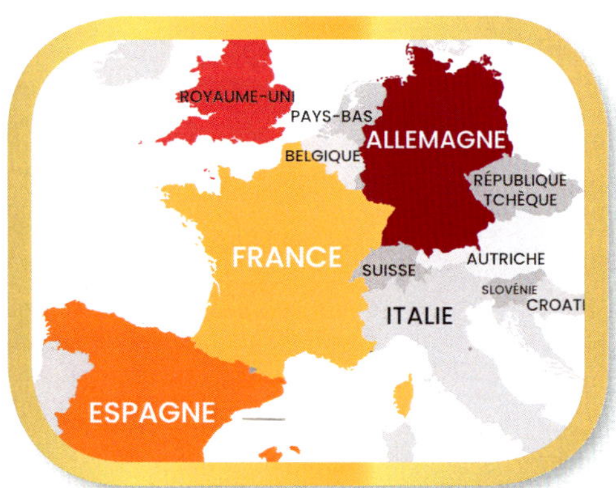

France (franss) : La France est un pays d'Europe.

museau (mu-zo) : Le museau comprend le nez, la bouche et la mâchoire sur la tête des animaux.

nature (na-tur) : La nature d'un animal est son comportement habituel.

pelage (pe-laj) : Le pelage d'un animal est sa fourrure ou sa laine.

portée (por-té) : Une portée est un groupe de chiots ou d'autres animaux nés en même temps d'une même mère.

Index

À propos des auteurs

David et Patricia Armentrout

David et Patricia passent le plus de temps possible à jouer avec leurs trois chiens Gimli, Artie et Scarlet, et à prendre soin d'eux.

Sites Web

Les sites Web sont en anglais seulement.

www.akc.org/dog-breeds/best-dogs-for-kids
www.goodhousekeeping.com/life/pets/g5138/best-family-dogs

Auteurs : David et Patricia Armentrout
Conception : Jennifer Dydyk
Révision : Kelli Hicks
Correctrice : Crystal Sikkens
Traduction : Annie Evearts
Coordinatrice à l'impression : Katherine Berti

Références photographiques : Couverture : shutterstock.com/Liliya Kulianionak. Arrière-plan : shutterstock.com/ Dreamzdesigners. Page titre : istock.com/JStaley401. P. 2-3 : istock.com/eliaaa. P. 4-5 : shutterstockc.om/Alice Rodnova. P. 6 : shutterstock.com/Patryk Kosmider, p. 7 : shutter stock.com/Unchalee Khun. P. 8-9 : istock.com/fotokostic. P. 10 : shutterstock.com/cynoclub. P 11 : shutterstock.com/dodafoto. P. 12-13 : shutterstock.com/Little Hand Creations. P. 14-15 : istock.com/JStaley401. P. 16-17 : shutterstock.com/TingHelder. P. 18-19 : shutterstock. com/Monkey Business Images. P. 20-21 : istock.com/VVPhoto et DuxX. P. 22, photo du centre : shutterstock.com/ Sbolotova, map shutterstock.com/seamuss

Crabtree Publishing Company

www.crabtreebooks.com 1-800-387-7650

Au Canada : Nous reconnaissons l'appui financier du gouvernement du Canada par l'entremise du Fonds du livre du Canada pour nos activités de publication.

Publié aux États-Unis
Crabtree Publishing
347 Fifth Avenue
Suite 1402-145
New York, NY, 10016

Publié au Canada
Crabtree Publishing
616 Welland Ave.
St. Catharines, Ontario
L2M 5V6

Imprimé au Canada/102021/CPC

Catalogage avant publication de Bibliothèque et Archives Canada

Titre: Les chiots bouledogue français / David et Patricia Armentrout ; texte français d'Annie Evearts.
Autres titres: French bulldog puppies. Français.
Noms: Armentrout, David, auteur. | Armentrout, Patricia, auteur.
Description: Mention de collection: Nos amis les chiots | Les jeunes plantes de Crabtree | Traduction de : French bulldog puppies. | Comprend un index.
Identifiants: Canadiana (livre imprimé) 20210278536 | Canadiana (livre numérique) 20210278544 | ISBN 9781039609013 (couverture souple) | ISBN 9781039609075 (HTML) | ISBN 9781039609136 (EPUB)
Vedettes-matière: RVM: Bouledogue français—Ouvrages pour la jeunesse. | RVM: Chiots—Ouvrages pour la jeunesse. | RVMGF: Documents pour la jeunesse.
Classification: LCC SF429.F8 A7614 2022 | CDD j636.72—dc23

Les chiots BOULEDOGUE FRANÇAIS

David et Patricia Armentrout

Un livre de la collection Les jeunes plantes de Crabtree

TABLE DES MATIÈRES

Soutien de l'école à la maison pour les parents, les gardiens et les enseignants

Ce livre aide les enfants à se développer grâce à la pratique de la lecture. Voici quelques exemples de questions pour aider le lecteur ou la lectrice à développer ses capacités de compréhension. Les suggestions de réponses sont indiquées en rouge.

Avant la lecture

- De quoi ce livre parle-t-il?
    - *Je pense que ce livre parle des chiots bouledogue français.*
    - *Je pense que ce livre parle d'être ami avec des chiots bouledogue français.*

- Qu'est-ce que je veux apprendre sur ce sujet?
    - *Je veux savoir si je veux un chiot bouledogue français.*
    - *Je veux apprendre de quelles couleurs sont les chiots bouledogue français.*

Pendant la lecture

- Je me demande pourquoi…
    - *Je me demande pourquoi les chiots bouledogue français ont des visages écrasés.*
    - *Je me demande pourquoi les oreilles des chiots bouledogue français sont bien droites.*

- Qu'est-ce que j'ai appris jusqu'à présent?
    - *J'ai appris que les chiots bouledogue français ressemblent à leurs parents.*
    - *J'ai appris que les chiots bouledogue français aiment les gens.*

Après la lecture

- Nomme quelques détails que tu as retenus.
    - *J'ai appris que les chiots bouledogue français sont de bons animaux de compagnie.*
    - *J'ai appris que les chiots bouledogue français peuvent être de différentes couleurs.*

- Lis le livre à nouveau et cherche les mots de vocabulaire.
    - *Je vois le mot* ***France*** *à la page 3 et le mot* ***museau*** *à la page 8. Les autres mots du glossaire se trouvent aux pages 22 et 23.*